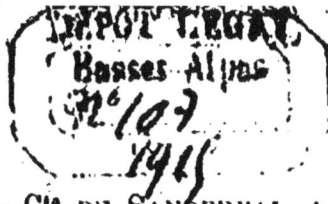

DE L'ABSOLU par le Cte DE SANDERVAL, Ingénieur

(extrait)

❖ ❖ ❖

La Mort

n'est pas la Mort

❖ ❖ ❖

6300

DIGNE
Imprimerie Constans et Davin

1914

DE L'ABSOLU par le Cte de Sanderval, ingénieur

(extrait)

✢ ✢

La Mort
n'est pas la Mort

✢ ✢ ✢

DIGNE
Imprimerie Constans et Davin
—
1914

DE L'ABSOLU par le Cte de Sanderval, ingénieur

(extrait)

La Mort
n'est pas la Mort

La mort n'est pas un saut dans l'inconnu, l'oppressant cauchemar de l'homme primitif, le signal de supplices vengeurs, elle est la bienfaisante étape où le voyageur lassé vient avec confiance en l'absolu de la possibilité, réparer ses forces afin de reprendre l'ouvrage, de vivre demain plus instruit qu'hier dans l'unique devoir d'être ; la mort n'est pas une fin du phénomène d'être, la fonction d'être est permanente, « infini » est la manière d'être de l'Etre.

La mort est le complément de la vie, constituées ensemble en un même facteur de l'Etre.

L'Etre se manifeste par la perfectibilité, la spiritualisation, servie par l'incessante culture qu'est la vie ; mais l'étape d'un jour n'est qu'un pas, elle ne suffit pas à obtenir tout le progrès, les hommes sont à des degrés d'être différents qui ne vont pas de la même allure ; pour atteindre l'uniforme degré final, l'état d'homme parfait, la vie répète son effort, par le concours de la mort elle renouvelle ses moyens.

La vie, en quelques années d'un individu dénommé, est un moment de la vie permanente d'un individualisme défini qui, sous des noms successifs, est un des éléments nécessaires de la possibilité ; la précision de l'inventaire des Etres qui composent l'Unité de l'Univers nous invite à le concevoir.

L'Etre au degré α-Ω réalisé dans le temps et l'espace, se développe de α à Ω, (α, force, mouvement, vibration, minéral, végétal, animal, homme, Ω), à partir de l'Unité avant α, jusqu'à l'Unité identique après Ω, cette synthèse est la vie de l'Etre, elle le concentre de α au minéral et l'extériorise du minéral à Ω ; simultanément la mort analyse l'Etre, le ramène de Ω à α, elle le concentre de Ω au minéral, et l'extériorise

du minéral à α ; par ces actions compen-
sées, conjuguées, l'Etre demeure permanent sur sa limite inexistante, l'infini ; il
n'y a pas deux mondes, celui-ci et l'autre,
les deux n'en font qu'un ; le fait d'être,
de l'infini à l'infini, n'est pas de l'ordre
de la pensée.

La perfectibilité se manifeste par le progrès sanction immédiate de nos actions ;
notre manière de vivre, culture de l'Etre,
nous amène plus hauts gradés à la fin de
l'étape, la mort ; la mort analyse notre
individualisme épuisé, en ses éléments
libérés, corps et âme, qu'elle rend à l'impartial infini de la fonction d'être par lequel se ferme sur lui-même de proche en
proche l'inconnaissable phénomène de la
possibilité. L'Etre à tous les degrés de α
à Ω obéit à cette loi de culture par la vie
répétée, c'est la loi de formation du minéral, de l'Hydrogène au Platine, la loi
de formation de l'Humanité.

Il n'y a pas dans l'absolu de l'Etre un
temps où l'homme existe et un temps où
l'homme n'existe pas ; l'Etre, la possibilité
est un seul fait dépassant le temps et l'es-

pace, de l'infini à l'infini, si l'on veut étendre le sens du mot « Etre » aux Etres achrônes, aux inconnaissables. La pensée, il est vrai, ne peut donner ce sens, elle n'a pas la notion d'être qui est tout le problème ; elle n'atteint pas cette région de l'inconnu. Mais sans prétendre saisir la vérité dernière la pensée voit que l'Etre réalisé de α à Ω dans le temps et l'espace, existe par la vie et la mort associés en un même ouvrage, et qu'il est permanent par l'incessante répétition de l'individu à fin de culture précisément déterminée (nous l'avons expliqué dans le vol « de l'Absolu » l'Anabarre ».)

La donnée du problème, l'inventaire des possibilités élémentaires composant l'Univers, est immuable. Il n'y a pas un temps où le minéral existe et un temps où le minéral n'existe pas ; lorsque un astre, quantité minérale, se forme par synthèses et analyses répétées, lorsqu'il est réduit par le choc en vibrations, mouvements, forces... lorsque la foudre dissocie un minéral, la quantité d'Etre minéral dans l'Univers, Unité en équilibre par l'infini de la fonc-

tion d'être, l'équivalent minéral ne chan-
pas, la formule de la possibilité ne varie
pas, la possibilité est absolue ; la quantité
et la qualité minérale réduites se reforment
non identiques mais équivalentes, renouvelées par l'infini de la fonction d'être
dans leur devoir de facteurs constants de
l'Unité ; leur existence nécessaire, la puissance d'être, si l'on peut dire ainsi, ne
varie pas. Cette re-formation s'opère comme
les précédentes synthèses, comme la formation actuelle dans le Soleil, de l'hydrogène au
platine renaissant de l'analyse équivalente
du platine à l'hydrogène par l'intermédiaire
des conditions d'Etre successives ; de même
la mort de l'homme n'est pas un arrêt, un
changement dans le problème, une varia-
tion dans la nécessité des facteurs, le phénomène d'Etre est un tout constant, permanent, invariable, qui aboutit sans cesse
en lui-même ; l'homme disparu est par
l'infini de la fonction, analysé et reformé
à son rang parmi les degrés d'Etre, sans
lacune possible dans l'Unité en équilibre.

Il faut ici, par le procédé en usage en
Géométrie Descriptive, changer nos plans

de projection afin de laisser paraître des vérités que voilent les nombreuses propositions précédemment essayées. L'homme terrestre pense d'abord qu'il est tout le phénomène, il s'émerveille ; bientôt il voit que la Terre incertainement habitable est une ébauche dans le nombre, et que les conclusions qu'elle inspire sont discutées, il transporte alors son observatoire à l'infini des données qu'il a saisies pour en mesurer la valeur à l'infini de la vérité inconnue ; tout change d'aspect.

L'homme voudrait savoir pourquoi il meurt ?

Pourquoi existe-t-il, dans quel but, quelles sont les fins de la vie ? A priori cela ne peut se savoir, l'Univers, le fait d'être, n'existe pas pour une raison, la vérité dernière est antérieure à la raison. Nous sommes dessaisis du problème de l'Etre par la nature de la pensée qui ne peut que comprendre, qui est un facteur défini, limité, à son rang dans la fonction ; mais du moins nous pouvons pénétrer le phénomène jusqu'aux limites de la raison ; et au-delà c'est de l'exaltation de de l'Etre en nous dans le paroxysme de ses moyens, que nous obtenons l'extériorisation clairvoyante de notions moins tangibles qui assurent notre inconsciente existence.

L'homme ne peut prétendre à la vérité que dans la mesure de son aptitude, cela ne porte pas loin, surtout si l'homme terrestre, dont il s'agit ici, n'est pas tout l'homme possible, doué de la pleine pensée ; il déduit d'après les données du problème qu'il aperçoit ; au-delà c'est l'inconnaissable, et plus loin, dans l'ensemble, c'est la vérité dernière ; nous avons là à nous garder de l'idôlatrie, notre seul procédé pour figurer l'insaisissable. Pour sortir de cette prison, l'homme imagine des hypothèses sur lesquelles il construit des systèmes, mais ces hypothèses et ces systèmes ne sont que des essais à sa mesure, le fait d'être qui nous anime, nous extériorise et oriente notre exaltation à une plus haute curiosité ; l'homme refuse d'aboutir à la mort telle que la définissent ses apparences, il aperçoit en elle un satis-

fécit d'un jour, énergique appel à renouveler l'effort de vie qu'il vient de dépenser, la mort, recours à l'infini de la fonction, est le moyen de résurrection et non
la fin du devoir d'Etre. L'homme, l'homme terrestre surtout, n'est pas la fin de la
formation de l'Etre, de l'Univers, l'Etre
croit encore après lui ; l'individu n'est pas
la fin d'un individualisme, l'analyse et la
synthèse de l'Etre contredisent une telle
fin, la suppression d'un facteur que croit
voir l'homme primitif ; vie et mort assurent par leur coopération en une résultante
la permanence de l'identique possibilité
de l'infini à l'infini. Les premières conclusions inspirées à l'homme terrestre par
l'étude de son Etre et de son milieu ont
été arrêtées sur des observations insuffisan-
tes, nous devons demander un peu plus à
l'étude permise.

L'homme primitif voudrait comme prix
de sa courte journée atteindre, à la mort,
le bonheur parfait.
Parmi les données de l'Etre qui nous
apparaissent plus vivement sollicitant une

explication l'homme aperçoit la joie et la douleur, facteurs associés dans la fonction d'être inconnue à résoudre ; il admet que les fins de l'Etre soient le Bonheur et non la souffrance, mais il ne lui accorde que la moindre part, la plupart des hommes subiront le supplice. Cette conception est née d'un pressentiment de la vérité, la nature procède par prodigalité, elle forme toutes les permutations, la plupart sont des essais infructueux, le supplice est de rester stationnaire, de ne pas s'élever. La conception d'un supplice final est une conception de magistère, reflet des basses émotions habituelles de l'homme primitif, elle n'est pas belle ; pour la faire accepter il faudrait l'ériger en loi aperçue, tandis que à priori son égoïste partialité la déconsidère, nous refuserions la vie si elle aboutissait à cette fin cruelle.

Le bonheur n'est pas la fin de l'homme mais sa recherche est un acheminement vers la vérité. La fin de l'Etre est dit-on le bonheur parfait, la possession de l'équilibre sans désir, soit, il n'y a pas de souffrance dans la vérité dernière, si l'Etre total, (la possibilité), n'était pas parfait il n'existerait pas ; mais la perfection de l'Absolu n'est pas le Bonheur *et* l'homme.

Le Bonheur est par sa nature, même dans l'idéal, d'une matérialité inégale à ce rôle infini, la vérité dernière est au-delà. Le Bonheur n'est pas un aboutissement de l'Etre total, il est un moyen de la vie, une sanction immédiate, proportionné à chaque degré d'Etre, un procédé de progrès, un facteur croissant qui a son maximum dans l'équilibre permanent de l'Unité ; un homme ne saurait atteindre un tel degré en une seule journée, l'Etre ne l'atteint que dans son Unité fermée à l'infini.

La mort n'est pas un changement dans la possibilité, l'Unité. Elle s'impose à notre attention comme une donnée dominante du problème de l'Etre, son intervention étrange nous paraît, chez l'homme, simplement conclure sur une première partie du phénomène, la vie locale et temporaire, et rester étrangère au phénomène à partir de là. Cette interprétation est faite précipitamment, sous la violence troublante de

l'événement dont le vilain ménage submerge tout sang-froid ; le rôle de la mort
étudié plus profondément dans l'Etre à
tous les degrés s'éclaire et nous rassure.
La mort n'est pas le commencement des
supplices, bien au contraire elle collabore
à l'ordre commun. Tout Etre meurt d'avoir
vécu, et revient à la vie, comme il y est
revenu aujourd'hui, par l'effet de ses mêmes données en puissance permanente dans
l'infini de la fonction d'être, il reprend
la vie invariablement dans l'impartial
Absolu, il est élément de la possibilité immuable phénomène, à aucun moment l'Univers n'est à un moment spécial de son Etre.

L'infini n'est pas une limite extérieure,
un entrepôt, il est l'infini de l'Etre rem-
plissant toute sa fonction en lui-même, la
vie et la mort sont l'action et la réaction
simultanées équilibrées dans l'Unité de
l'Etre de l'infini à l'infini (si l'on se per-
mettait cette comparaison empruntée au
Règne de la force). Nous ne sommes pas
aujourd'hui, dans le temps de nos courtes
années, à un moment unique et spécial
du phénomène, la manifestation de l'infi-

ni en fini ne varie pas, elle ne croît ni ne diminue, elle est une Unité permanente, achrône, le fini et l'infini sont la la manière d'être l'un de l'autre.

L'Etre total, l'Univers sans mesures, dépasse le temps et l'espace, les individualismes qui le composent sont incessamment constitués, leurs qualités et leurs proportions qui forment Unité ne varient pas, la possibilité est absolue ; c'est cette permanence de l'Absolu, dont l'homme trouve en son Etre un irréductible sentiment, que nos traductions, gênées dans les mots, désignent sous le nom de *immortalité* ; dans ce phénomène sans raison la mort est un acte de la vie assurant la permanence de l'Etre par son appel incessamment répété à l'impartial infini de la fonction.

Un Etre qui n'existerait que pendant un temps fini n'existerait pas.

Un temps fini est un temps nul, dans le temps sans fin, une création locale et temporaire (et l'anéantissement consécutif), œuvre d'une puissance inactive avant et après ce moment, aurait le caractère d'un caprice ; cette création supposée, est un artifice à la mesure de l'homme primitif, elle reporte le problème mais ne le résoud pas ; le Non-Etre qu'il suppose n'a pas de sens, il faudrait pour l'admettre que le phénomène d'Etre fut autre, que la possibilité ne soit pas absolue.

L'hypothèse de la formation d'un Monde momentané à partir du Non-Etre ne tient compte que de nos désirs les plus immédiats, de nos courtes observations ; ignorant le surplus de l'Univers cette création imaginaire se repose sur l'inconnaissable, qui est sa clef de voute et qui répond à tout. L'affirmation de l'inconnaissable procède d'un pressentiment de la vérité, mais l'invention du Non-Etre ne répond à rien, elle est faite au hasard ; *l'Etre tient toute la place de l'infini à l'infini*, — si l'on peut employer ici ce mot de « place » ; — l'Etre existe permanent, il dépasse la raison, l'homme, jusques et y compris la *vérité dernière* étrangère à l'idée de limite ; nous désignons sous ce nom la solution du problème, c'est un mot quelconque auquel nous ne saurions donner un sens ; déjà devant l'inconnaissable l'homme reste muet comme le minéral devant l'homme ; la vérité dernière, l'inexplicable solution du problème d'être n'est pas faite de nos idées, de leur causalité.

L'inconnaissable n'est pas une limite, un lieu de départ et d'arrivée où le Monde commence et s'achève, un principe créateur par moments.

L'Univers ne va pas de la naissance à la mort, son geste est intérieur, l'Etre total, Unité permanente, est fermé à l'infini et par cette limite inexistante il est permanent, le fini est la manière d'être de l'infini.

L'esprit ne porte pas jusque là, il ne peut que comprendre ; Moïse a le sens de notre mesure lorsqu'il nous conseille de ne pas juger du Bien et du Mal, ce serait de notre part vanité présomptueuse. L'homme n'est pas apte à résoudre le problème, il faudrait sortir des mots, mais il reste dans la mesure de ses moyens, de sa fonction, lorsque pénétrant mieux le fait d'être il voit la mort, d'après ses manifestations dans l'Etre à tous les degrés, être un facteur de nos rapports avec l'inconnaissable dans la permanence de l'Etre.

L'homme terrestre a d'abord aperçu dans la mort un mystère d'épouvante, et aujourd'hui encore, après tous ses penseurs, il s'applique à pratiquer un culte attentif au désolant réalisme du tombeau, malgré la honte dissimulée de son insupportable horreur. Nous devons mieux dégager notre pensée de la violence matérielle du phénomène, nous élever à plus de vérité ; la mort n'est pas un renoncement, un malheur réservé à l'homme, elle est un facteur de l'Etre à tous les degrés, de α à Ω, l'analyse qui renouvelle l'Etre jusqu'à l'infini, comme la vie en est la synthèse qui le porte jusqu'à l'infini. Par la vie et la mort le fini tient à l'infini, ces deux facteurs associés tiennent l'Etre à l'état permanent, absolu, ils ne sont pas des bornes. La mort commence au moment où l'individu ayant usé son Etre va se renouveler par l'infini de la fonction d'être, dans son rôle nécessaire ; l'Univers ne change pas, les formations qui le composent sont constamment les mêmes, la mort fait œuvre active, elle est avec la vie facteur de la permanence de l'Etre.

En même temps que notre corps se refait par l'infini de la fonction, notre âme, notre définition, se refait par l'infini de la fonction, dans le même geste, aucun Etre ne reste mis à part non vivant.

Notre conception de la mort s'éclaire, la mort n'est pas un renoncement de la possibilité, une fin dans l'Univers. La tombe (qui ne garde rien), est un lieu de recueillement d'où notre confiant appel à l'impartial fait d'être, s'élève hors des éléments usés (?) de l'Etre qui témoignent là que nous avons vécu.

L'homme terrestre jugeant dans la mesure de ses moyens, impuissant à pénétrer profondément vers l'inconnaissable, a conclu d'après les apparences, mais la pensée de cet homme actuellement n'est pas la pensée parfaite, elle progresse, elle peut avancer encore ; connue depuis quelque dix mille ans en son degré actuel sur la Terre, elle aperçoit le problème de l'Etre, elle voudrait l'expliquer ; elle n'arrive pas à le poser, mais elle voit qu'il n'est pas compréhensible ; l'homme instruit essaye vainement de le concevoir ; il est évident à priori que la vérité dernière n'est pas compréhensible, elle dépasse la pensée ; là demeure notre espérance, au-delà de nos raisons inhabiles qui voudraient trouver dans l'inconnaissable une limite où elles puissent s'appuyer, il n'y a pas limite, fin de l'Etre ou commencement, la mort est un constant appel à la vie par l'infini de la fonction ; la donnée du problème est invariable, la vérité dernière est sans fluctuations.

La pensée toute entière évoquée ne nous révèle pas la lumière, mais son orientation est certainement vers la vérité.

L'homme aperçoit avec désenchantement qu'aujourd'hui comme hier, éperdu devant l'incompréhensible fait d'être, il court sans fin à la recherche de la vérité. On ne saurait trop se rappeler cette inaptitude d'un Etre, l'homme, à embrasser tout l'Etre, le phénomène d'être. L'homme aperçoit

les lois de Kepler mais il ne peut concevoir pourquoi le monde est ainsi ; il voit
Pasteur, Confucius, sans pouvoir dire pourquoi ces hommes, pourquoi Aristote ? plus
loin il aperçoit l'homme préhistorique,
il ne sait pas pourquoi l'homme existe,
pourquoi l'Etre et non pas le Non-Etre,
pourquoi l'Etre est composé de tels éléments, (α, force, mouvement, vibration,
minéral, végétal, animal, homme, Ω), en
tel nombre et telles qualités. Quel est le
facteur commun, si ce n'est l'infini de la
fonction qui établit l'équation du problème d'être entre telles données suffisantes
et nécessaires.

Savoir est une opération définie, humaine, limitée, le savoir ne contient pas
l'infini du secret. Si pour nous soustraire
à la désespérance de notre impuissance
nous admettons que le fait d'être, l'Univers, dont nous sommes un facteur, est
un splendide phénomène permanent, sans
dimensions, servi par la mort qui renouvelle sans cesse la vie, c'est par notre intime participation à ce phénomène, coopération qui implique la sensation du devoir

commun, la foi et par suite l'espérance; nos vues plus instruites confirment à mesure ces promesses de notre émotion intime.

Au bout de son analyse comme à la fin de sa synthère, l'homme n'arrive pas à avoir la notion d'être, la pensée cesse de pouvoir cheminer dans l'Etre avant d'avoir atteint la simplicité, limite de la causalite qui est le domaine de la pensée, mais la pensée de l'homme terrestre peut progresser encore peut-être, se perfectionner, nos conceptions actuelles ne sont pas sa limite.

Sur notre terre l'homme est un Etre récent, il n'existait pas hier, demain il aura disparu, il n'a existé sur la terre que pendant la fin d'un temps très court, fini, pendant lequel l'eau était à l'état liquide. Cependant le règne de l'homme, sa quote part dans l'Unité de l'Etre total, n'est pas une donnée contingente, il n'existe pas plus ou moins dans l'Univers possibilité absolue, Unité constante, invariable ; l'Univers ne peut augmenter ni diminuer, on ne peut rien lui ôter ni rien lui ajouter, il est constamment tout, ses composantes, leur nature et leurs proportions sont nécessaires, les seules, je suppose, qui forment Unité. Cet homme qui s'aperçoit en ce moment sur la Terre, est un essai, une ébauche de l'homme type qui coopère en facteur total à l'Unité de l'Univers ; le Règne de l'Etre homme est invariable dans l'invariable inventaire des éléments de l'Etre.

L'inventaire des données du problème si nettement précis de α à Ω, est le plus surprenant renseignement, notre impuissance à l'expliquer par des raisons nous montre fortement la limitation de la compétence de la raison. Cette inaptitude nous recommande la discrétion dans la conception de systèmes s'appuyant sur l'inconnaissable et inexistante limite de l'inventaire, mais elle nous recommande aussi de suivre les indications si nettement affirmées de α à Ω qui s'imposent à nos déductions. La perfectibilité que sert la culture de l'Etre par la vie, nous assure le progrès obtenu pas à pas, sanction immédiate de nos actes, mais le perfectionnement total n'est pas possible en une seule vie, la mort nous rend la vie aux fins constantes de sa fonction. La mort est le départ du renouvellement nécessaire pour continuer notre marche, événement heureux si nous avons bien vécu, elle est un frein sur la pente si nous rétrogradons ; la mort, l'analyse, nous ramène à la vie qui par répétitions atteint le terme du progrès ; l'homme terrestre, qu'il soit on non l'homme parfait, vit sur cette loi de la sanction immédiate de ses actions, la pensée constate cette donnée du problème.

L'homme se développe de l'égoïsme à l'altruisme, progression qui porte l'Etre de l'Unité à l'Unité de l'identique.

L'homme terrestre émerveillé de lui-même dès qu'il atteint un certain degré de discernement, se donne comme le centre du phénomène d'être, la fin du problème ; c'est pour lui que le monde a été créé, le satisfaire est ce que le phénomène se propose. Le paysan qui laboure son champ pense que si la guerre sévit entre son pays et le pays voisin c'est pour le protéger ; il est dans le vrai, mais une lueur seulement de vérité, il faut comprendre. Tout

Etre participe à son rang au phénomène d'être Un, si les explications pratiques sont simplistes c'est que l'auditoire est simpliste, il ne comprendrait pas des discours abstraits, des faits non tangibles, si l'on peut dire ainsi ; l'homme imagine un Univers à son usage, une solution du problème de l'Etre d'après quelques données de la surface, toute prochaines, le petit nombre des données de l'Etre plus immédiatement à la portée de ses désirs, cadrant avec son hypothèse, et de là ses conclusions artificielles qui lui paraissent convenables. Il est ainsi arrivé par conceptions successives à notre civilisation actuelle qui par l'usage a momentanément pris autorité ; mais cette civisation est discutée, elle préside à des situations révoltantes, le massacre des heureux et paisibles Incas, les horreurs de nos révolutions, le lamentable désordre social, nous font douter de sa loi, elle hésite, elle ne s'unifie pas comme le ferait la vérité, sa loi incertaine nous rappelle que les civilisations qui l'ont précédée, non moins affirmées et puissantes dans leur temps, ont disparu, passé dans l'histoire. Il y a cependant une loi de civilisation, une vérité qui anime toujours dans le même sens nos lois locales et temporaires, elle apparaît dans la transmission du progrès obtenu qui demeure acquis, elle est dans cette progression. Nous ne sommes pas au bout, à toute la civiliation que comporte l'homme, le malfaiteur triomphe, l'honnête homme est exploité, il faut comprendre, et nous demander si notre définition de l'honnête homme est conforme à la vérité, si elle n'est pas influencée par nos faiblesses, car les faits de la vie pratique sont en désaccord avec les conseils de nos enseignements. L'homme obéit à la loi qui le mène, il est loin de l'apercevoir, la loi de perfectionnement de l'humanité, loi de civilisation, est dans l'extériorisation de l'égoïsme en altruisme qui nous conduit à l'identique Unité après avoir débuté par le culte de l'égoïsme qui assure, protège, l'unité de l'individu.

La civilisation progresse ; notre conception actuelle de la mort supposant que l'homme atteint la perfection en une seule vie, et que là est la fin du monde, se perd dans un rêve d'homme primitif, rêve né des pressentiments de l'Etre en nous. Cette proposition encourage nos actions à compter sur les heureux effets de la perfectibilité, mais elle s'égare par trop de hâte lorsqu'elle imagine obtenir tous les perfectionnements en un seul effort, une seule vie, stage égal pour tous, et lorsqu'elle pose en principe que ce résultat personnel est la fin nécessaire et suffisante. L'homme n'est pas la fin de la formation et nous savons que la suite, l'Etre Ω, ne naîtra pas d'un homme parfait. La progression de l'Etre de α à Ω est visible dans l'humanité, passant de l'homme primitif à Aristote, comme elle l'est dans le minéral de l'hydrogène au platine, la formation ne produit tout le progrès que pas à pas, par échelons, facteurs eux-mêmes de progrès, par vies successives ajoutant leurs accroissements, par la mort qui renouvelle ces entreprises.

Dans l'Etre total la somme est toujours la même, permanente, l'Univers n'est pas composé à un certain moment de certains individus, et à un autre moment d'autres

individus, il n'y a pas de « certain moment » dans l'Unité instantanée ; les
données de l'Etre ne sont pas une pous-
sière quelconque, elles sont invariables,
solidaires en une seule Unité, qui est tout
le possible.

La progression de l'Etre ne transporte
rien, tous les degrés d'Etre sont nécessaires à leur rang, invariables en quantités
et qualités, si l'on peut parler ainsi d'Etres
qui n'ont pas de mesure ; le facteur minéral dans l'Unité de l'Etre est constant,
le Règne de l'homme de même est une
donnée nécessaire ; la série d'Etres α-Ω ne
se replie pas laissant un vide à mesure
qu'elle avance, elle est permanente puisque l'Univers est là dans notre moment
quelconque. Qu'est-ce donc qui chemine
dans cette progression ? qui va de l'Unité
de l'individu à l'Unité identique de la
somme des individus, de α à Ω, et qui se
traduit dans l'homme par la diffusion de
l'égoïsme en altruisme ? L'explication
n'est pas de la nature de la pensée, c'est
un fait, il retient notre attention sans nous
surprendre, la pensée n'est qu'un degré

d'être dans la série. Nous ne pouvons imaginer la nature du degré d'Etre après l'homme, mais la synthèse continuée suivant sa loi visible de α jusqu'à l'homme nous le signale et nous permet de le prévoir d'après l'accélération de la progression du minéral à l'homme.

Dans ce phénomène d'être la mort n'est pas une conclusion, l'inauguration d'un autre système, elle est la continuation de la vie, un agent d'acheminement de l'Etre dans sa voie ; cette observation de la mort approche de la vérité plus que l'idée, toute d'imagination primitive, d'une mort concluante nous mettant hors de l'Etre, elle modifiera heureusement notre civilisation.

La civilisation varie au moindre souffle; l'homme nourri gratuitement comme il boit et respire, disposant de l'air et de l'eau sans avoir même à les désirer, se donne une civilisation correspondant à cette condition exempte de tout effort, la non nécessité de travailler pour vivre le rend indifférent à plus d'ambition, nous en avons d'abondants exemples; cependant le principe de civilisation demeure, il est absolu, il est dans la progression par la vie, culture de la perfectibilité qui développe l'humanité de l'égoïsme à l'altruisme, de l'Unité à l'Unité.

L'homme met toute l'ardeur de son nécessaire égoïsme à fortifier son individu, il se cultive, il accroît ses moyens de culture ; depuis quelques milliers d'années sur la Terre l'âge de l'argent synthèse de nos désirs, où se détermine notre conception actuelle de la civilisation, facilite et hâte notre marche ; ce temps, cet âge sur la Terre, s'use, on en prévoit la fin, l'homme aura bientôt achevé d'exploiter la surface de sa planète, il ne lui restera que de la terre au soleil, comme au temps où il n'exploitait rien, il aura acquis je suppose, des moyens plus savants, plus simples, de soutenir sa vie, et plus instruit il sera plus spirituel en ses besoins. Par grèves et contre grèves, œuvres d'altruisme, plus d'une question sociale sera sans objet, les progrès de la civilisation tendent vers cet équilibre, vers la diffusion de l'égoïsme en altruisme dans une humanité composée de plus rares et meilleurs éléments.

La vie, manière d'être de l'Etre de l'Unité à l'Unité, est une vie intérieure, si l'on peut dire ainsi, fermée sur l'identique permanent par l'infini de l'invariable fait d'être ; la mort ne nous en fait pas sortir ; l'Univers ne change pas si l'on entend bien que l'infinie manière d'être en fait partie ; mais ce fait n'est pas exprimable par des mots, la pensée le réduit à sa mesure lorsqu'elle veut saisir la vérité dernière dans ses mots tels que « Panthéisme, Monothéisme », L'Univers est une Unité, un individu, un organisme ; chaque Règne est une Unité, un organisme dont aucune part ne peut exister sans les autres ; l'humanité, Règne de l'homme, est de même un individualisme invariable, ses progrès, ses défaillances, sont la vie intérieure de son individu, la manière d'être de son Unité, elle vit par ses qualités et par ses défauts si l'on peut ainsi classer des facteurs agissant ensemble aux mêmes fins, mais les hommes ne sont pas égaux, du moins pas tous arrivés au même degré d'être, il faut comprendre.

Les révolutions (1789 p. ex., comme les

autres), sont des recours de l'humanité à elle-même ; Fouquier-Tinville, Robespierre, ont été absorbés par le mouvement des fureurs équilibrées. Napoléon a succombé automatiquement ; le fait d'être conduit son œuvre par l'homme comme par les autres degrés de l'Etre suivant les conséquences exactes des données nécessaires de chacun d'eux. La révolte de 1871 a été, comme les autres, l'œuvre des individualismes associés, c'est-à-dire œuvre d'altruisme, pour faire valoir des droits éveillés à plus de lumière, à un prix meilleur de la vie, et comme les précédentes, après avoir obtenu quelque satisfaction elle a abouti par ses erreurs au renouvellement des égoïsmes autour de l'assiette au beurre. Cette dispute est entre la matérialité et la spiritualité, elle est un phénomène constant dans l'histoire, elle est la manifestation de la loi qui nous mène, loi de progression de l'égoïsme à l'altruisme, que sert la vie incessamment renouvelée à cet effet.

A chaque sursaut de l'égoïsme de l'individu extériorisé en altruisme des égoïsmes associés, il se fait un léger progrès au profit de l'altruisme, peut-être pourrait-on aujourd'hui, obtenir sans violences, le progrès attendu, si l'on voulait reconnaître les indications que nous prodigue le phénomène d'être, phénomène incompréhensible mais dont nous pressentons les volontés impératives. La pensée aide le progrès en l'expliquant (c'est sa fonction); la loi d'être, inconnue qu'elle soit, l'annonce par les faits, l'humanité progresse de l'égoïsme à l'altruisme, de l'Unité à l'Unité, mais constatons-le, c'est par un effort perpétué entre des limites inexistantes avançant par progrès facteurs de progrès, et non par un mieux-être final dans un même peuple.

La douceur de vivre que nous vantait la fin du XVIII⁰ siècle paraissait aux privilégiés du jour un état définitif, le but de la vie ; erreur normale de l'égoïsme condition de l'individu, c'était l'amen satisfait d'un égoïsme rassasié, lassé de tout effort, vivant béatement ; que de maux aurait évité un jugement altruiste, une compréhension plus réfléchie de la loi d'être telle que les renoncements de la nuit du 4 août en révélèrent un pressentiment.

Mais la nature ne procède pas avec cette prétendue sagesse à la mesure de l'homme et en désaccord avec la réalité, la vérité du fait d'être, le progrès nouveau s'avance, s'impose par une violence faite aux habitudes où se cultive le précédent ; le progrès sans hésitation serait tout de suite tout le progrès possible, c'est-à-dire la fin avec le le commencement, l'instantanéité, l'Etre n'existerait pas ; l'Etre existe par la vie, les accroissements successifs, le fait d'être veut la bataille, la lutte qui cultive la vaillance et sélectionne, la dépense de vies de plus en plus efficaces en leurs effets par accroissement ; la mort, analyse de l'Etre, renouvelle cette action, elle forme avec la vie un circuit fermé par l'infini de la fonction d'Etre.

L'impossibilité du mouvement perpétuel dans le monde des choses mesurées est propre à ce milieu, elle dépend d'une perte qui interrompt le cycle, mais dans l'Univers rien ne se perd, l'Etre est un cycle permanent fermé sur lui-même par l'infini de son mode d'être, l'analyse et la synthèse se continuent l'une l'autre par l'infini.

Les théories essayées pour expliquer
l'Univers, l'intervention d'un Créateur
initial opérant une fois, et la fin de l'œuvre bientôt après, la présence de l'individu
expliquée par la naissance une fois, s'éga-
rent dans la nuit, et ne voyant plus elles
se dérobent à la question en répondant par
un mot : Dieu ; « Dieu, la Vérité », existe
puisque nous sommes là, mais il est d'autre nature que nos conceptions humaines,
il n'est ni extérieur ni intérieur, il n'est
pas ouvrier, il dépasse la raison. Ce n'est
pas pour une raison, spécialité humaine,
que l'Etre existe, la vérité dernière n'est
pas de la nature de la pensée, elle dépasse
le comprendre ; c'est évident à priori.

L'idée d'un Dieu créateur est un essai
de solution du problème de l'Etre ; elle
suppose que l'Etre est un phénomène local
et temporaire, c'est là une précision pré-
paratoire propre à l'idolatrie, et en même
temps elle fait paraître un pressentiment
plus approché de la vérité, lorsque propo-
sant ce créateur comme origine et fin de
l'Etre elle annonce qu'il est l'infini de
toutes choses. Par cette limite inexistante

l'Etre est permanent ; Dieu sans cause n'est pas créateur, il n'est pas fait de nos raisons.

Les Dieux créateurs condamnent le mal comme étant œuvre du Diable ; Qu'est-ce que cet autre Dieu ? Il est plus loyal de dire que le mal est un facteur nécessaire de la possibilité et que l'esprit n'atteint pas à ce degré de la vérité.

Mais les fins de l'Etre, antérieures à la raison, sont presque tangibles dans la sensibilité de notre action d'être à laquelle participe notre inconscience. Elles sont permanentes ; le cycle par la vie et la mort n'est pas réversible formant l'Univers à deux états successifs, α-Ω par la vie, et ensuite Ω-α par la mort, il est continu, stable sur sa limite irréelle l'identique ; la vie et la mort ne transportent rien, les fins de l'être ne sont pas une fin, elles ne sont pas de la nature de la pensée.

Nous avançons vers la vérité en dépassant les jalons successivement atteints, la voie continue au-delà, les affirmations qui s'arrêtent et concluent sans plus d'enquête sont à la mesure de la Terre, basées sur des données restreintes ; chaque jour notre savoir s'élargit, mais tout le savoir ne nous livrera pas le secret, savoir est la spécialité de l'esprit spiritualité caractéristique de l'homme, Dieu, la vérité dernière, le savoir infini ne sait pas. La science totale est Une, antérieure à ses réalisations, dirait-on pour expliquer, mais non en fait, rien n'est antérieur, rien n'est successif dans l'Unité de la totalité ; l'Univers est instantané, achrône, le temps est un facteur intérieur, dans l'individu les éléments constitutifs sont simultanés, l'Unité qu'est l'individu est sous cette condition ; ces éléments changent, sont successifs par la vie et par la mort mais ces mouvements intérieurs ne changent rien à l'Univers, immuable fait d'être, l'Univers, Etre total n'est pas dans le temps, il est invariablement tel qu'il est. La science se confond avec le fait d'être, elle est la vérité dernière sans cause ; notre savoir, la science de l'homme, est par un échafaudage, une suite de formules étayées en résultante, la vérité Une du fait d'être Un ; l'homme progresse automatiquement dans son savoir, chaque découverte engendre la suivante en un ordre certain qui le conduit dans l'unique direction de l'Etre à tous les degrés coopérant à la possibilité Une.

La civilisation progresse par essais pratiqués, par discussion les vérités se dégagent, c'est le procédé de la nature, elle sélectionne par expérimentations répétées ; on a proposé d'obtenir toute la vérité, le perfectionnement total en une seule vie, en un seul effort, complétant l'arrangement par un abîme où disparaissent les imparfaits ; c'est d'une imagination primitive. Ces propositions de vérité sont hésitantes mais en somme elles suivent le principe directeur ; leur conception de la fin du monde cherche l'Unité dans l'Absolu ; elle nous a conduits un instant, puis il nous semble voir maintenant que l'Univers, l'Etre total, est permanent, que les Etres se renouvellent toujours les mêmes par l'infini de la fonction d'être. La progression de l'humanité de l'égoïsme à l'altruisme établit l'Etre de l'Unité à l'Unité identique, elle fait partie de l'Univers permanent, le phénomène aboutit constamment en lui-même ; la vie et la mort assurent la répétition de l'individu non par réversibilité mais par continuation de l'inconnaissable fonction de la possibilité invariable ; la discussion ne l'a pas encore proposé mais elle s'y prépare.

Nous ne connaissons du problème que ce que les moyens de l'homme terrestre peuvent atteindre.

Nous ne savons pas si la pensée qui a paru là où a paru Aristote est le type de la pensée, si la pensée qui paraît là où est notre planète, la Terre, est le type de la pensée ; la pensée est une part de l'homme, elle n'est pas un Etre que l'on puisse isoler, transmettre comme la chaleur p. ex., (un tel mode d'appropriation banale résoudrait toute discussion avant qu'elle se soit produite), la pensée est personnelle, différente d'un homme à l'autre, plus ou moins rudimentaire ou pénétrante suivant le climat, suivant la planète Elle ne paraît sur la Terre que dans le temps très court pendant lequel l'homme terrestre a vécu, cependant lorsque la Terre n'existait pas, lorsqu'elle aura disparu, la pensée n'aura pas cessé d'être un facteur invariable, nécessaire, de l'Unité de l'Univers, elle n'aura ni diminué ni augmenté dans la possibilité, ni changé de nature ; elle existera toujours par degrés tels que nous l'apercevons de l'homme primitif à Aristote, comme la pesanteur en sa qualité est progressive dans le minéral.

Nous restons impuissants, le fait d'être offre toutes ses données, l'Univers est étalé devant nous sans réserve mais la vue de nos yeux est une spécialité de la lumière, la vue de la pensée est un cheminement de la causalité, la pensée ne pénètre pas l'être, la vérité dernière ne peut pas nous apparaître ; et c'est ce qui nous rassure contre les contradictions inquiétantes de nos jugements. La pensée n'est pas le centre ou le début et la fin du phénomène d'être, la vérité dernière dépasse la pensée et justifie certainement les tristesses de la vie qui nous font horreur et les dédommagements qui nous les font accepter. Cela a été dit dans les évangiles de toutes les Religions et apparaît par l'analyse de leur idolâtrie. Toutes observations faites et étudiées nous reconnaissons par une tension d'extériorisation que la vérité dernière n'est pas de l'ordre de la pensée, qu'elle ne peut être comprise ; la pensée est un degré d'Etre à son rang et non l'Etre intégral, la vérité dernière antérieure au temps, ses conclusions actuelles seront améliorées, mais elles seront toujours dépassées par la vérité sans cause, nous procédons par idolâtries progressives.

L'homme croit qu'il peut savoir, il admet implicitement que la vérité dernière est de l'ordre du savoir, c'est une erreur à priori. L'homme terrestre veut se donner une explication qui justifie la vie, l'Etre, il a remarqué la hiérarchie orientée des Etres de α à Ω (α, force, mouvement, vibration, minéral, végétal, animal, homme, Ω) que dessine la tension de l'Etre dans une direction constante ; cette orientation est reproduite dans chacun de ces degrés d'être, elle conduit l'homme à ses fins. Sur cette observation l'homme établissant ses théories a pensé que l'Univers commençait ici et qu'il finissait là ; cette erreur est dans la

bonne direction, mais elle nous retarde
lorsque par habitude prise l'homme s'y
arrête croyant y trouver l'explication du
phénomène ; l'Univers ne commence ni
ne finit dans le temps, il dépasse le temps
et l'espace, il se prolonge au-delà du degré
de réalité mesuré par ces facteurs le temps
et l'espace, le temps et l'espace ne sont
qu'au centre de la réalisation, (les expressions nous manquent car en vérité ce n'est
pas un centre) ; nous reconnaissons que
l'Etre étant absolu ne peut qu'être permanent, l'idée d'origine et de fin nous est
imposée par le devenir dans le temps et
dans l'espace, elle disparaît hors de ces
facteurs que dépasse l'Unité de l'identique.

En plus large possession des données
que nous offre notre Planète nous pouvons en coordonner un plus grand nombre vers un peu plus de lumière que ne
le pouvait l'homme d'hier, et, par un
jugement mieux éclairé nous pouvons
concevoir une civilisation libérée de quel-
ques-uns de ses préjugés en usage, plus
approchée de la vérité, car tout est là :
mieux-vivre, c'est-à-dire mieux suivre la

loi du fait d'être. Or tout va cruellement
dans notre civilisation, sans que cela nous
paraisse justifié ; l'homme acquiert tous
les jours plus de clairvoyance et plus de
pouvoir contre la souffrance, il la combat
victorieusement, c'est donc que la souffrance
n'est pas nécessaire à notre avenir ; la méchanceté facteur de souffrance est peut-être
utile encore à l'égoïsme nécessaire de l'individu, mais l'égoïsme tend à l'altruisme,
la méchanceté disparaît dans la profondeur
de l'Etre, l'Unité se ferme hors de la
souffrance.

La mort n'est pas le fait simpliste qui
se conclut par un enterrement.

La mort agit dans le temps et l'espace
sur l'Etre situé, au degré α-Ω ; si elle agit
sur l'Etre achrône c'est de quelque manière
dont nous n'avons pas idée ; elle n'agit
pas sur l'intégralité de l'Etre, l'Univers,
immuable possibilité ; la pensée élément
caractéristique de l'homme, ne porte pas
jusqu'à cet infini du problème, sa puissance n'est clairvoyante que sur nos immédiates nécessités. L'homme voit la mort

intervenir régulièrement en temps et lieux, il comprend qu'elle est non pas la fin, la solution du problème, mais un élément du cycle de l'être fermé par l'infini, il voit que la vie et la mort collaborent au fait d'être de l'infini à l'infini par une répétition permanente, tandis que une seule vie locale et temporaire, commencée et terminée dans le temps et dans l'espace, nous laisserait devant un abime, un monde momentané.

Un homme ne saurait, dans le temps de sa courte vie, dans un temps fini, atteindre tout le perfectionnement, il lui faut reprendre le travail, refaire maintes fois, et chaque fois avec plus d'expérience, le geste de culture ; chaque progrès acquis le rend plus habile à en acquérir un plus grand, la progression est accélérée, (et l'accélération elle-même croît suivant une loi telle que en quelques termes la fonction se limite à l'infini, de α à Ω). A l'épuisement de son individualisme, la mort rend la vie à l'individu pour continuer l'œuvre, l'individu est re-formé, dans son grade, progressant de l'homme primitif à Périclès.

(La branche de l'arbre ne s'ajoute pas à la branche, c'est par un recours à l'arbre que le progrès se continue en une branche suivante).

La nature veut le travail, l'Etre est de telle nature qu'il remplit son devoir (qui est de coopérer à l'Etre permanent), par le travail ; sans cesse l'Etre usé (?) qui vient de se dépenser à vivre, rend ses éléments à l'infini de la fonction d'être qui les ravive, les reforme tout à neuf, maintenant le rapport permanent du fini avec l'infini ; là vraiment est le secret de ce mouvement perpétuel ; qu'est-ce que la vie dépense, et qu'est-ce que la mort reprend ? On accepte sans discuter, sans comprendre, que la vie soit un phénomène local et temporaire, une fugitive actualité, il est plus facile de penser que son moment n'est pas spécial et qu'elle est permanente, facteur de l'Etre de l'infini à l'infini dans une fonction ordonnée. La mort est l'étape de reprise où les éléments libérés du lien d'individualisme marquent le progrès acquis et vont se renouveller par l'infini du fait d'être.

Cette incessante respiration entre la synthèse et l'analyse, ce mouvement perpétuel
par l'infini nous signale, parmi les données
du problème, le phénomène de la résurec-
tion permanente de l'infini ; à l'infini de
l'analyse l'analyse devient synthèse, à l'infini de la synthèse la synthèse devient
analyse ; nous ne pouvons que désigner
par des mots ce phénomène d'être par
l'infini, la notion nous en est inconnue,
mais la pensée voit que le phénomène
d'être est basé sur cet inconnu. Nos lois
définies ne comportent pas le mouvement
perpétuel, mais prises dans toute leur
ampleur elles l'imposent, dans l'Univers
par l'infini rien ne se gagne, rien ne se
perd.

Le phénomène de contact par assimila-
tion dans la simplicité incompréhensible, à
l'infini de la fonction d'être, avant α où
l'analyse devient synthèse, à l'infini de la
fonction d'être après Ω où dans la simplicité de l'Unité la synthèse devient analyse,
dépasse la pensée, la causalité. Le cycle se
ferme à l'infini avant α où nous ramène
la mort, et à l'infini après Ω où nous con-

duit la vie ; nous apercevons la fin d'une vibration et nous disons que rien d'elle n'étant perdu les données de son Etre la reforment ailleurs ; il en est de même de l'homme Etre à son rang qui dépense son élan et va par la mort à l'infini régénérateur impartial par lequel il est permanent dans le cycle constamment entier de l'infini à l'infini.

L'individu comme le Règne, comme l'Univers, existe permanent, inchangeable, de l'infini à l'infini, la mort n'est pas un changement dans l'individualisme, dans le Règne, dans l'Univers, elle est un facteur de l'invariable fonction. L'homme voit la mort, il ne voit pas renaître la vie, mais il voit que si l'Univers, la possibilité, était un phénomène local et temporaire il n'existerait pas.

La pensée ne peut saisir l'art de cette résurrection automatique de la synthèse renaissant à l'infini de l'analyse, c'est par l'effet de la simplicité, l'irréalité, infinie réduction de l'Etre, où la permanence du fait d'être assure la continuation de la vie à la mort, de la mort à la vie. La vie

anime l'Etre en la spiritualisant de α jusqu'à Ω, la mort le recueille à bout de force
et le reconstitue en materialité de Ω à α.
Dans ce mouvement de l'infini à l'infini
une vie conduit l'individu jusqu'à sa limite personnelle d'où la mort ramène son
corps à l'état minéral (et jusqu'à α à partir
du minéral), tandis que l'âme de l'individu, sa définition, revient par sa voie propre
au même impartial infini où elle reprend la
vie.

L'homme ne pénètre pas avec ses mots
dans cette région du problème, mais il
nous semble que nous allons y atteindre
par notre impatiente extériorisation hors de
la pensée qui trouve là une si forte sensation de son incompétence et aussi de sa
tension. L'existence de l'Etre s'établit en
un seul fait permanent de l'infini à l'infini, limite inexistante de l'identique Univers ; il n'y a pas limite dans le temps et
dans l'espace qui sont facteurs des réalisations de l'Etre fini, l'Univers est achrône,
il est infini, permanent, hors de la mesure.
La vérité dernière est au-delà de l'inconnaissable que la pensée nomme et propose

dans sa conception du problème de l'Etre, elle est au-delà de ce que nous pouvons nommer, l'extériorisation de notre Etre nous la fait apparaître ; là est une lueur.

On a cherché la vérité dernière par la pensée, croyant la trouver sous ce mode d'être, mais la pensée est un Etre parmi les autres, un Etre spécial à l'homme et non l'Etre immense ; Moïse qui disposait avec parfaite liberté d'esprit de la naïve pensée de son peuple en apaisait les vaines curiosités en figurant la vérité par des images, mais il réservait la vérité dernière disant qu'elle était au-delà de ce que pouvaient concevoir les hommes, au-delà de la pensée.

La pensée tient dans ses mots ; elle voudrait une limite, un principe premier où appuyer ses déductions, mais la simplicité, limite de la synthèse et de l'analyse, n'est pas compréhensible, le problème de l'être dépasse la raison, il n'est pas tel que l'homme le pose, tel que nous puissions le poser.

L'Univers est une seule Unité, composée d'un certain nombre d'Etres de qualités

calculées, accumulés progressivement de
α à Ω, (α, force, mouvement, vibration,
minéral, végétal, animal, homme, Ω).

A cet état α-Ω l'Etre est fonction du temps
et de l'espace, hors de cette réalisation il
est achrône.

La formation de l'Etre de α à Ω est une
synthèse par spiritualisation croissante, la
réduction de Ω à α est une analyse inverse
par dé-spiritualisation ; c'est la vie et la
mort associées en un seul effet la permanence de l'Etre de l'infini à l'infini ; leur
fonction s'exerce dans l'Etre à tous les degrés
de α à Ω.

Les fins de cet événement sont une apothéose, l'apothéose du fait d'être — dont
l'idéal nous donne un pressentiment —,
faite de tous les infinis de la réalité.

Les Etres α-Ω sont de telles qualités et
en telles proportions qu'ils forment Unité,
l'Univers, le Tout qui est la possibilité ;
aucun Etre ni en quantité ni en qualité
ne peut manquer à l'édifice, le fait d'être
est immuable, permanent. La mort n'est
pas une défaillance dans les données de
l'Etre, elle est une part de la fonction de

la vie; par l'infini de la fonction d'être elle ramène l'Etre à la simplicité incompréhensible, avant α, tandis que la vie par l'infini de la fonction d'être, le conduit à la même irréalité après Ω, à l'identique Unité où la vie et la mort assimilées en une même puissance si l'on peut dire ainsi, se continuent l'une l'autre.

La compensation dans l'Unité de l'Etre total est permanente de la vie à la mort, de la mort à la vie, *la mort n'est pas la mort.* Cette limitation de l'Etre à l'infini de sa fonction avant α et après Ω, s'établit par la vie et la mort compensée non seulement à la limite imaginaire de l'Univers mais dans chaque terme, dans chaque degré d'Etre de α à Ω, dans chacun des individus échelonnés dans la hiérarchie des Etres.

L'Etre n'a pas une limite réalisée dans le temps et l'espace, il est limité à l'infini de la fonction d'être, au-delà de l'état achrône.

Il n'est pas une quantité, il est un fait en un seul geste, une seule Unité.

La vue, art spécial de la lumière, nous

met en relation avec le monde minéral
aperçu, veut-on dire qu'il existe d'autres
nébuleuses plus loin ? Les astres visibles
vivent comme nous d'un même milieu
commun de force, de mouvement, de vibrations ; leur minéral est le même que
le nôtre ; leurs Etres achrônes, les lois qui
ordonnent leur existence sont les nôtres ;
par ces éléments pareils ils sont probablement pareils à nous. Peut-on dire que
dans l'espace, à quelques diamètres plus
loin de notre domaine minéral, il existe
d'autres Univers, autrement ordonnés ?
L'espace prétendu étant sans limite ces
Univers seraient innombrables, d'une variété
sans fin, cependant sous une parenté,
une loi commune... c'est une fantaisie de
l'esprit ; l'Univers est une Unité. Pourquoi
l'Univers et non le néant ? la pensée ne
pouvait qu'expliquer.

Notre domaine minéral existe non comme une quantité quelconque occupant un
temps et un espace variable quelconque,
mais comme le fait minéral, quote part
du fait d'être, et portant en lui-même sa
limite ; il remplit une fonction déterminée,

précise, à son rang dans la série des autres facteurs α-Ω de l'Etre total.

Notre domaine minéral est un fait permanent que la vie et la mort appuyent à l'infini du fait d'être seule limite possible hors du temps et de l'espace.

La mort ne constitue pas un arrêt, elle ne creuse pas un vide, la formule de l'Etre ne change pas à chaque mort, l'Etre est absolu tel qu'il est, sa composition fait Unité, il n'y en a pas deux ; la possibilité est Unique, chaque degré d'être est constamment nécessaire, la mort est un moyen de la vie, un facteur de la permanence de l'Etre. Chaque respiration renouvelle notre corps sans que rien paraisse changé en nous, nos corps successifs n'ont pas le sens les uns des autres, c'est toujours le même nous semble-t-il ; ce mode d'incessant renouvellement dont l'habitude nous dissimule le travail, nous aide à comprendre le renouvellement que nous apporte la mort ; notre degré d'être existe nécessairement, — puisque il est là en ce moment quelconque c'est qu'il est absolument, — la mort nous ramène à l'infini où l'analyse achevée se continue en synthése.

Par la mort tangible, pourrait-on dire, dans le temps et l'espace, dé-formation de l'Etre jusqu'à l'infini de l'analyse, nous admettons, sans en comprendre le mode, le renouvellement à l'infini, de la part d'infini (?) de notre définition, notre âme, spiritualité vivant comme notre corps de l'impartial infini, inscrite dans la nomenclature invariable des éléments de la possibilité.

La lutte se poursuit âpre et sauvage, incompréhensible procédé, entre l'égoïsme condition de l'individu et l'altruisme condition de la somme qui achemine l'Etre, *par un progrès continué*, à l'Unité de l'identique d'où il vient ; l'individualisme s'élargit en altruisme reformant l'Unité de l'Etre. A mesure que l'homme s'élève il tient l'altruisme de plus en plus en honneur, il magnifie par lui son avenir par la fusion des individualismes de plus en plus impersonnels. L'homme aperçoit là le mode de son développement qui va de l'Unité égoïste à l'Unité par l'altruisme, il voit que, après l'égoïsme qui précise l'individu, son développement se continue dans la même direction par l'égoïsme épanoui en altruisme, conduisant l'Etre de l'Unité à l'Unité. La lutte s'éclaire et se hausse vers ce but de la vie humaine, l'homme s'avance dans cette voie, il aperçoit ce point du problème. Le désordre social s'apaisera lorsque nous saurons confronter l'égoïsme préparateur avec le magnifique appel de l'altruisme ; une courte vie ne suffirait pas à atteindre l'uniforme et complet perfectionnement, nous remplissons la fonction entière par essais répétés, par vies successives renouvelées à la mort.

L'homme généreux en son rêve qui se plaît à venir en aide à son prochain est la proie de l'égoïsme qui s'adjuge tout ce qui passe à sa portée, et ce serait décourageant si c'était toute la loi du fait d'être, mais l'altruisme, fin de l'égoïsme, nous élève dans l'humanité, dans la série des Etres, l'homme par lui atteint un rang plus rapproché de la vérité dernière, il monte en grade dans la hiérarchie des Etres dont l'ensemble forme l'Unité de la possibilité, A la mort l'individu se trouve inscrit dans son grade meilleur d'où il gagne un nouveau progrès, la mort marque ce point, le bénéfice acquis, la promotion.

Le philosophe se console de l'ingratitude de ses concitoyens en pensant que si l'insolence de l'égoïsme a triomphé, l'homme sage a acquis le grade meilleur. C'est une consolation un peu maigre peut-être pour nous clients étroits de l'égoisme, mais cependant que de magnifiques dévouements se complaisent à la haute générosité, à l'émotion de l'altruisme et nous appellent à l'avenir par leurs extases supérieurs aux jouissances fermées, personnelles, de l'égoïsme.

L'Etre total, l'Univers, est une Unité, de l'irréel infini à l'irréel infini, par réalisation croissante à partir de α jusqu'au minéral, décroissante de ce maximum, le minéral jusqu'à Ω ; au degré α-Ω d'être, l'Etre est fonction du temps et de l'espace dans sa réalisation, il est situé, mais il n'est pas enfermé dans des limites dans le temps et dans l'espace, il s'étend au-delà par l'infini de la fonction d'être, jusqu'à sa limite inexistante zéro ou l'infini dans l'ampleur du fait d'être, la possibilité hors des conceptions intelligentes ; ce n'est pas dans le temps et dans l'espace, dans un lieu défini, que se limite l'Etre, c'est à l'infini de la fonction d'être, c'est par la nature du phénomène d'être qu'il s'établit de l'infini à l'infini en Etre situé, en Etre achrône, en Etre inconnaissable, au-delà des spécialités humaines ; il n'a pas de limites situées, il est illimité non par la dimension mais par sa nature, il est permanent, si l'on veut convenir que ce mot « permanent » ne représente pas ici un rapport avec le temps, qu'il traduit un autre caractère de la possibilité.

L'Etre total est composé en son Unité d'un certain nombre de degrés d'être, un petit nombre, nous apercevons l'homme, l'animal, le végétal, le minéral, la vibration, le mouvement, la force ; nous supposons, pour satisfaire aux exigences de l'analyse et de la synthèse tendues vers la simplicité, que avant la force est un Etre (ou plusieurs) plus simple, élément composant de la force, que nous désignons par le signe α, et que après l'homme existent un ou plusieurs Etres composés suivant la loi de synthèse en œuvre jusque là, reconstituant à l'infini la simplicité, et que nous désignons par le signe Ω.

Le milieu dans lequel s'exerce notre observation, — la Terre, l'Homme terrestre —, ne nous révèle pas la solution du problème de l'être, mais notre fonction est de travailler, de coopérer sciemment à la progression de l'Etre, comme l'Etre avant nous coopère sans le savoir au fait d'être.

Ces quelques degrés α-Ω d'Etre sont tels que leurs rapports forment Unité, l'Etre Un, l'Univers, c'est notre rôle de commencer à le reconnaître ; le fait qu'un tel rapport existe nous annonce la vérité Une que nous traduisons à notre mesure par l'idée de Dieu.

Une observation facile nous montre que l'homme est composé d'un corps et d'un esprit, quelle que soit la manière dont ils procèdent de l'un à l'autre ; pour généra-

liser donnons au corps le nom de matérialité, et à l'esprit le nom de spiritualité.
L'animal est composé de même d'un corps,
sa matérialité, et d'un élément plus subtil,
sans dimensions, sa vie animale, sa spiritualité ; le végétal de même est composé
d'un corps, sa matérialité, et d'une spiritualité, la vie végétative ; le minéral a sa
matérialité, son corps, et sa spiritualité, la
pesanteur ; la vibration faite de mouvement indifférent qui pourrait être son corps,
a peut-être pour spiritualité l'animation
qui détermine les retours calculés du mouvement indifférent sur lui même en une
rythme caractéristique.

L'Etre minéral commence à l'hydrogène,
minéral à l'état de matérialité maxima,
unie à une spiritualité minima, et par
formation progressive il se termine par le
platine, minéral de matérialité presque
nulle associée à une spiritualité maxima,
le Platine est tout en pesanteur. L'homme
terrestre se développe de la même manière
de l'homme primitif à Aristote.

Pour imaginer de quelle manière se termine le Règne de l'homme, pour imagi-

ner une limite, le terme vers lequel tend l'homme terrestre, — si nous admettons que le phénomène d'être n'a qu'un procédé, une loi d'être —, nous n'avons de renseignements que par l'Etre en général, par la comparaison avec les autres Règnes. Le Règne minéral débute par l'hydrogène à profusion, il s'achève par le platine rare ; tous les degrés intermédiaires demeurant simultanément. Le premier minéral possède une puissante matérialité, le dernier possède une puissante spiritualité ; disons que le Règne de l'homme procédant de même, commence en homme prolifique au corps très animal, et progresse en puissance spirituelle jusqu'à l'homme sing lier.

Peut-être que sur notre Terre l'homme n'atteindra pas son maximum ; Phidias sera-t-il dépassé ? Leibnitz saisissant l'infini dans sa formule a-t-il marqué la limite de la spiritualité humaine dans l'Univers ou seulement la limite possible sur notre Terre, la limite propre à notre climat local ? La race arrivée au degré d'être où elle produit de telles supériorités est-elle la limite de l'Etre homme, ou lassée se reprend-elle à cultiver sa matérialite, l'homme-bête, pour en obtenir un nouvel élan ? Nous somines invités à concevoir que l'homme tend vers un état de plus grande spiritualité associée à une matérialité affinée, dématérialisée, comportant des produits rares ; l'homme à ce degré vit par l'esprit comme le minéral à l'état de platine vit tout en pesanteur. Rappelons aussi que l'Etre Ω après l'homme naît de l'homme primitif comme le végétal naît des premiers degrés d'être minéral, Hydrogène, Carbone Azote, Oxygène, et non, bout à bout, du platine.

Ayant progressé dans ce sens l'humanité se propose une civilisation plus éclairée, dès maintenant elle conçoit que la civilisation actuelle très précaire, qu'elle essaye de trouver parfaite, n'est qu'une ébauche, un essai proportionné à sa valeur présente, et non un état définitif ; l'Espagne, enviée plus que blamée par l'Europe, massacrant les populations paisibles et heureuses de l'Amérique, nous fait douter de la valeur de nos principes ; l'égalité mal interprétée nous livre aux bêtes, les appétits emportent tout lorsqu'ils perdent l'intelligence, la matérialité submerge la spiritualité ; l'égalité qui ne serait pas la proportionnalité serait l'inégalité. L'homme terrestre est le produit d'une Terre mal définie, inégale scorie, nous supposons qu'il est tout l'homme possible, rien ne nous autorise à l'affirmer.

On ne peut attendre une civilisation élevée d'un troupeau d'hommes inhabiles aux abstractions matières premières de l'Etre, si l'on peut dire ainsi ; mais ce troupeau, source de vitalité, est le foyer original où la tension de l'Etre vers ses fins, la religion de l'être, remplit son rôle dans l'homme en mesurant ses explications à cet auditoire pour faire naître et retenir sa confiance et arriver à éveiller son attention sur le but obscur. Les discours que propose l'élite humaine sont déformés par leur appropriation à l'homme primitif, ils paraissent informes, mais en somme leur orientation est fixe, lorsque leur idolatrie perd son efficacité par la réflexion qui découvre la pédagogie, elle a produit son effet.

On parle d'un Dieu miséricordieux, c'est

une idolatrie encourageante, mais si l'on prétend réfléchir et démontrer on se perd, il faut interpréter pour dégager la vérité ; cette proposition formulée est une idole, un leurre instructif comme toutes les idoles. La miséricorde personnelle, accidentelle, aléatoire, n'est compatible avec la possibilité nécessaire, la justice intégrale que par interprétation ; Dieu, la vérité dernière, n'a pas à être miséricordieux, mais à l'homme primitif il est difficile de présenter la vérité sous sa forme abstraite, l'homme est un Etre passif par ses Etres inférieurs, il progresse sans savoir, non par calcul sur l'avenir mais par fonction immédiate de la perfectibilité, sans avoir à comprendre ; nous ne pouvons aller à la vérité dernière incompréhensible, au-delà de l'esprit, que par idolâtries successives à notre mesure ; la civilisation progressera au-delà de nos idoles actuelles, elle va trouver sa loi dans les immédiates sanctions de la vie, dans une conception moins puérile de la mort.

Nos Religions humaines conçues à notre mesure d'après les fantômes que croit apercevoir notre exubérante jeunesse, sont

erreurs dans l'expression mais vérité par
la tension qu'elles traduisent, toujours
dirigée vers le même horizon merveilleux,
la conclusion où l'homme pressent les fins
de l'Etre, la vérité dernière. Leur idolâtrie est
appropriée aux temps et aux lieux terrestres,
mais leur appel à l'idéal est uniforme dans
l'unique direction de la tension de l'Etre,
la même à tous les degrés de l'Etre de
α à Ω; l'homme gagne à apercevoir cette
orientation de la vie, ordre certain, religion
de l'être, là est la force par laquelle la
Religion est absolue dans ses conseils.

L'idée de miséricorde proposée par l'homme primitif s'inspire de la confiance inconsciente de l'Etre en la justice absolue
du phénomène d'être, son expression est
utile aussi longtemps qu'elle est admise ;
dans son blâme pratique elle fait injure
à la vérité plus haute, l'homme qui la
conçoit ne lève pas les yeux au-delà de
son égoïsme, il admet sans vergogne que
ses semblables ne bénéficient pas tous de
la même aubaine ; mais par cette erreur
même le croyant, confiant en l'inexorable,
s'avance dans la bonne direction, le leurre
de l'idolâtrie le prépare à la vérité.

À l'usage la théorie artificielle perd son crédit, elle n'opère plus, il faut pour jalonner le chemin en avant, des lumières plus lointaines, une pensée qui, fortement appuyée sur la vie pratique, s'avance au-delà vers les fins idéales, supposant l'inconnaissable, l'incompréhensible vérité dernière, une pensée dirigée dans l'unique direction de la tension de l'Etre vers ses fins, la religion absolue ; dans cette fonction la religion dégagée de ses formes locales et temporaires, présente la vérité plus simplement à des hommes plus élevés dans l'humanité, les violentes images ne sont plus nécessaires.

Les Religions humaines ont le pressentiment de cette vérité. Le Dieu qu'elles proposent est avant tout l'inconnaissable, c'est la première condition de leur conception. L'erreur commence aussitôt alors que pour être comprises elles donnent des définitions de l'incompréhensible, leur Dieu est puissant, il est bon... elles sont obligées de dire que ces qualités sont infinies, c'est dire qu'elles sont inexistantes (une vitesse infinie cesse d'être une vitesse, la

puissance, la bonté infinie n'ont pas l'être),
la vérité est au-delà de cette conception
dans la direction de nos pressentiments,
au-delà de nos contradictions.

Notre civilisation repousse comme une
faiblesse contre nature le suicide consommé
dans notre intérêt personnel, mais elle
loue le citoyen qui donne sa vie, affronte
la mort, par dévouement à son prochain ;
il y a à réfléchir : la mort violente est
partout dans la nature, arme toujours
levée, toujours prête à disposer sans excu-
ses des vies les plus précieuses. Même hors
ces violences la nature nous enseigne, nous
impose, le détachement de la vie, elle
nous réduit par l'âge à n'être plus qu'une
apparence. Quelle haute vertu y a-t-il
pour l'homme à subir la mort comme
l'animal, comme les choses ? N'est-il pas
honteux pour l'homme, maître de lui, de
rester passif dans un tel événement, rési-
gné à subir cette violence ? Si la mort au
lieu d'être un douloureux arrachement
nous venait dans une jouissance entraî-
nante, la prétendue morale qui la discute

sans la comprendre, serait sans effet, en un instant l'humanité aurait disparu. N'est-ce pas du temps perdu pour la vie, lorsque l'âge nous rend inhabiles à toutes choses, de rester là inertes, immobilisant des données de l'être alors que nous pourrions renouveler notre activité ? Le devoir suggéré par la nature est d'abandonner dès lors un individualisme épuisé et de reprendre vie afin de continuer à être. Une plus saine appréciation de la mort rendra notre civilisation plus habitable.

L'homme stupéfié par cet événement, surpris dans sa confiance en l'être, est désorienté, il enterre par force, mais il proteste. Quel que soit l'homme qui meurt le reste est le même, la restitution est pareille, uniforme, l'Être complexe revient à la simplicité, à l'infini par un acheminement qui nous ouvre à l'espérance. Ce n'est pas ce déliquium abandonné que notre pensée accompagne, on le dissimule, un douloureux respect l'entoure de l'illusion volontaire d'un intime souvenir, la pompe des funérailles s'adresse à l'ami qui n'est pas là et non à l'horreur du fait. Une société moins primitive que la nôtre voudra l'usage des enterrements pareils, que rien ne distinguera les uns des autres ; rien dans la rue ne signalera la triste formalité ; le Prêtre, suivant la conviction de chacun, dernier servant des indicibles regrets, sera dans la voiture ; et la défaite inévitable, la même pour tous ces restes pareils, sera assurée par la Commune pour tous les morts, c'est une servitude sociale ; toute ostentation doit être réservée au panégyrique hors des matérialités chers aux hommes primitifs. Le cruel enterrement restera discret. Il sera toujours aimé de s'unir en un dernier hommage en commun à l'Eglise, temple de l'espérance, mais ne suivront plus loin que les parents aimés ou l'ami intime, il sera indiscret à la foule des clients de s'interposer dans cette ultime évocation.

L'humanité terrestre dans l'inquiète incertitude où l'amène aujourd'hui ses essais de civilisation, est là sans direction, troupeau hésitant devant les appels de ses esprits d'avant garde, et la raison perdue dans son impuissance à affirmer une certitude, mais demain est fatal, si l'homme n'avait que sa raison pour faire vivre son Etre il tomberait en ruine ; l'Etre vit antérieurement à l'homme depuis le premier degré d'être, il n'attend pas la raison pour suivre sa voie ; l'homme qui vient à son rang, acheminé de même inconsciemment quant aux Etres antérieurs qui le constituent, s'élève plus avant par la raison en ce qui lui est spécial ; nos civilisations suivent d'abord nos pressentiments aveuglément, nos progrès sont préparés.

La Terre, milieu imparfait, n'a produit qu'un essai d'Etre homme. Sa composition minérale incomplète et en désordre a contribué à un climat précaire où le végétal et l'animal ont foisonné au hasard dans la proportion des conditions locales et temporaires, la formation de l'homme a couru les mêmes chances ; ses religions ont paru ici et là avec lui, ce qui en elles est spécial à la localité et au temps est le produit d'un certain climat et non la voix Une de l'Univers comprenant tous les essais en une résultante, la vérité dernière au-delà des mesures de la pensée ; mais toutes sont animées par cette vérité, toutes tendent au but ; elles ne diffèrent que par les moyens appropriés à la mesure de chacun pour se faire comprendre ; et c'est là une précieuse donnée du problème de l'Etre.

L'orientation de l'être tient l'homme attentif au sens de la vie et le porte à admettre un but, une récompense, mais, avec une évidence criante, cette récompense sanction de notre action de vivre, est immédiate dans le perfectionnement que nous apporte la culture de notre Etre par chacun de nos gestes. L'homme se perfectionne ou se déprime proportionnellement à la vie qu'il mène, s'il se déprime au-dessous d'une certaine limite il s'atrophie par l'erreur, ses éléments ne peuvent plus former Unité, il est hors de la possibilité, la permutation qu'il représente n'est pas viable, la mort, l'analyse, ne lui offre de revenir à être que par un changement de ses données, l'infirme est libéré, sa mort, loin d'être le commencement d'un supplice est la fin de l'une des ébauches innombrables où la possibilité présente les permutations à essayer, foison permanente des essais d'où s'élève la gradation des œuvres possibles.

La proposition simpliste de supplices après la mort n'a pas réglé l'égalité entre les hommes comme elle se le proposait, des esprits difformes se trouvant en nombre imposent leur égoïsme au milieu qu'ils oppriment, et pour un moment, sur un point, la civilisation rétrograde ou cesse de progresser ; la menace de règlements sévères à la fin du monde, ne les influence pas.

Cette conception de supplice, et de jouissance équivalente, nous donne la mesure très humaine des esprits qui l'ont formulée et des civilisations qui s'en déduisent, civilisations aujourd'hui hésitantes au bout de leur succès. Cette application de peine d'après un jugement humain comporte la responsabilité indéfinie et uniforme de l'homme ne procédant que de lui-même ; l'Etre, l'Univers, sur ce point (l'homme) dépendrait de l'homme ! C'est l'idolâtrie dans sa forme ordinaire, l'affirmation d'une vérité réduite à notre mesure, ce n'est pas la vérité mais c'est une lueur de vérité telle que peut la percevoir l'homme primitif.

La religion absolue est la tension de l'Etre vers l'Unique vérité du fait d'être, nos religions en sont des expressions humaines, elles sont diverses dans leurs formules, à la mesure des temps et des lieux, mais elles sont Une dans leur principe, l'expression est relative, le principe est absolu, la vérité dernière oriente leur recherche. La discussion de leurs formules ne les détourne pas de la loi du fait d'être qu'elles servent ; *les religions sont toutes nécessairement fausses, et toutes nécessairement vraies.* Il est facile, à la portée du plus modeste esprit d'apercevoir l'erreur de l'idolâtrie proposée, il faut plus de vaillance pour en apercevoir la vérité.

L'homme parle de l'éternité en homme primitif ignorant les conditions de l'être, l'éternité n'est pas une durée fonction du temps et de l'espace, elle est le fait de la permanence ; la durée n'apparaît dans l'Etre qu'au degré situé α-Ω, elle ne se

montre pas dans l'Etre achrône, non plus
que dans l'Etre total, l'Univers, possibilité
Une qui ne peut changer, l'Univers qui
ne dure pas. Tout Etre existe permanent
facteur nécessaire de l'Unité, la vie et la
mort forment un cycle fermé dans lequel
l'Etre renouvelle ses éléments par l'infini
de la fonction d'être, impartiale manifestation de l'infini en réalités finies, éter-
nelle par la permanence de son absolu.

Si nous admettons la permanence du
phénomène d'être, de la possibilité par le
temps et l'espace et hors de ces facteurs,
constatant la perfectibilité de l'Etre de α à Ω
appuyé en lui-même, sans commencement
ni fin, sur l'identique Unité qu'il est,
nous dirons que chaque degré d'être est
facteur permanent nécessaire, à son rang,
de l'apothéose du phénomène d'être ; la
tension de l'Etre dans cette participation
est la religion de l'être, l'orientation à
l'idéal par laquelle nous vivons ; là est la
force fatale de la religion.

Notre vanité naïve d'homme primitif
s'attribuant une responsabilité démesurée,
nous a condamnés au supplice pour l'éter-

nité, cette proposition est monstrueuse,
elle méconnaît la constitution de l'Etre
en somme, l'Univers achrône, mais elle pres-
sant une vérité. Une telle invention
maintenue hors de son moment, ferait de
la vie une course à l'abîme, une épouvante irréductible, aucun homme ne voudrait
l'accepter à ce prix, s'inscrire sous sa loi,
en glorifier l'égoïsme ; l'homme généreux
ne saurait vivre heureux s'il avait à penser que son voisin endure la souffrance à
laquelle il a eu la chance d'échapper. Il
faut mieux comprendre la liberté, renoncer
à la prétention puérile de l'homme primitif et à sa toute puissance ; les sanctions
de la vie sont dans l'incessant progrès (par
la perfectibilité) qui est notre part dans
l'apothéose du phénomène d'être ; tous
les Etres, chacun à son rang, suivant sa
nature, participent à l'Unité du phénomène d'être, l'homme y emploie ses facultés
spéciales mais il n'a pas le devoir ni le
pouvoir d'y rien changer ; la récompense
de nos actions est immédiate dans le perfectionnement que nous apporte le culte
de notre Etre, elle est proportionnée à nos

72

moyens ; notre liberté est une spécialité de l'Etre homme.

Toute explication locale est temporaire, telle la conception d'un Univers momentané ; un temps fini est un temps nul, (telle serait l'expression de la durée sans fin, permanence de la vie, donnée du problème qui s'impose à toute conception de l'Etre) ; nous ne pouvons asseoir notre conception qu'à l'Absolu, c'est-à-dire à la permanence de l'Etre ; cette permanence du phénomène écarte l'idée d'origine et de fin, la possibilité est permanente. Ce n'est pas par la durée que l'Etre existe, il est une fonction permanente d'un certain nombre fini de degrés d'être dont les rapports s'équilibrent à l'infini ; il se présente à nous en sa nature complexe, fonction du temps et de l'espace en son degré α-Ω réalisé, élémentaire au degré achrône, inconnaissable en ses limites. La durée est éliminée de l'ensemble, l'Univers Etre total ne s'use pas, il ne dure pas, il est permanent. L'Etre existe de l'infini à l'infini, de zéro à zéro, en individus finis,

degrés d'être coopérant en un seul résultat, un seul Etre, une seule Unité, un
individu ; l'inconnaissable est facteur de
l'Etre achrône, l'Etre achrône est facteur
de l'Etre situé ; l'Etre total, en une seule
Unité, est fonction d'un certain nombre
de facteurs qui sont de telle nature que
leur équation forme Unité.

Ces degrés d'Etre, individus constitutifs,
facteurs de l'unique fonction, sont en petit
nombre, nous en avons donné la courte
nomenclature formant série de α à Ω ; de
α à Ω ces degrés d'être procèdent par synthèse de la matérialité à la spiritualité,
c'est la vie, et de Ω à α par analyse de la
spiritualité à la matérialité, c'est la mort,
la vie et la mort appuyant la formation à
l'identique Unité. Ces degrés d'êtres procèdent de l'un à l'autre, le précédent est
la matérialité du suivant ; à chaque degré
une spiritualité nouvelle, caractéristique,
plus élevée dans la hiérarchie, se révèle ;
si nous voulons dire que la spiritualité est
une faculté de la matérialité, ce propos
amenant jusqu'à notre portée notre impuissance à comprendre que le fini est

une faculté de l'infini, nous reconnaissons
que cette faculté progresse en ses effets de
α à Ω et nous cherchons le secret ressort
de cet accroissement ; le fait de la spiritualisation et de la matérialisation par la
vie et la mort est insaisissable dans sa
cause, il est insondable par nos moyens,
extériorisons nous.

Chaque Règne se développe dans le
même sens que la série des Règnes, de la
matérialité infinie, si l'on peut dire ainsi,
associée à une spiritualité nulle, jusque à
une matérialité nulle associée à une spiritualité infinie ; la matérialité est spiritua-
lisée par l'opération même, devenant ainsi
apte à fixer une spiritualité plus élevée ;
ainsi va le minéral de l'hydrogène au
platine.

L'homme existe sous cette même loi ; il
se manifeste un instant sur la Terre, en
un essai d'homme (probablement imparfait,
comme la planète elle-même et son milieu
dans la nébuleuse) presque apte à apercevoir son allure ; le Règne de l'homme
existe par un progrès de la matérialité à la
spiritualité comme le Règne minéral (dont la

Terre nous présente un essai) de l'hydrogène au platine. L'homme tout en esprit, comme le platine est tout en pesanteur, l'homme limite de l'Etre homme, n'est pas la limite de l'Etre, de l'Univers, de l'Etre total ; arrêtée à l'homme la composition ne formerait pas Unité, l'Univers ne serait pas en équilibre, la limite est inexistante, à l'infini, dans l'Unité de l'Etre intégral, l'Absolu, si l'on veut dire un mot, ce qui implique l'accélération de la progression, et l'accélération de l'accélération. Tout Etre est un élément nécessaire de l'équilibre de l'Unité, apothéose commune permanente du phénomène. La mort, recours incessant comme la vie du fini à l'infini, est une phase du phénomène et non le terme du fait d'être, non un changement dans l'Etre total.

L'homme n'a pas découvert le secret de l'être, tout l'étonne, aucune réponse ne satisfait sa curiosité, il voudrait comprendre, il est attentif à tout ce qu'on lui propose, mais, à priori, bien évidemment, la fin du problème ne peut pas être comprise, toute explication faite d'esprit ne peut embrasser la vérité dernière, le secret du fait d'être. L'homme imagine l'Olympe et ses Dieux, c'est une production fatale de notre nature, le fait est à remarquer, car ces Dieux il ne les a pas vus, il ne les aperçoit que dans son rêve ; si un poète avait proposé ces paradis l'homme s'y plairait sans s'y retenir autrement qu'à une fable, mais ce sont tous les hommes, sur notre Terre, qui ont cette même idée ; ils ne l'ont pas apprise, elle est là innée, fruit du terrain de culture que l'homme représente, si l'on peut dire ainsi, vision intérieure d'une espérance qui l'obsède, tension remarquable vers une fin magnifique ; religion de l'être.

Nous avons la sensation de cette curiosité finale de notre perfectibilité, la culture de notre Etre qui la satisfait nous porte dans le sens de ses aspirations où paraît se résumer le problème. L'homme ne connaît pas la loi qui le mène mais par une confiance naturelle, sa foi d'Etre dans le fait d'être, il tend vers le mieux-être ; la vie, incessante répétition des mêmes actes, nous instruit par l'expérimentation, elle cultive l'Etre, c'est là, dans ce perfectionnement voulu, la plus en évidence des sanctions de la vie.

Nos Dieux, nos Paradis, rêves primitifs, s'évanouissent dès que nous essayons d'en fixer la réalité, de leur donner un corps ; en eux la vérité s'annonce mais elle est plus loin ; la vérité n'est pas une fin, elle est inconnue de l'homme, inconnaissable, sans cause, elle n'est pas de la nature de nos conceptions ; nous avons à nous extérioriser.

L'homme terrestre, dans l'exubérante assurance de son jeune Etre, ne tient compte que de lui-même ; sa Terre, le Ciel vaguement, un Dieu inconnu, l'Homme terrestre pris pour l'homme total, quatre données mal définies mais dénommées distinctement dans son esprit, lui suffisent, dans une vue simpliste, à constituer tout le problème ; puis il s'élève sur cette courte idolâtrie, base suffisante pour commencer. L'Univers est un composé, ses éléments sont de telle nature qu'ils forment Unité ; le Paradis, l'apothéose pressentie, est dans l'équivalence permanente de leurs réciprocités et non dans une fin, un arrêt, un repos, il est la splendeur permanente du fait d'être auquel l'homme participe par sa spécialité, comme tout être à son rang.

Le malheur ne nous désespère pas de vivre, l'homme a confiance, le renouvellement par la vie et la mort lui assure l'impartiale répartition de l'infini dans le fini, l'intégrale justice ; rien n'est définitivement personnel, privilégié ou condamné. Cette justice ne nous explique pas la cruauté, les inutiles supplices, la méchanceté attentat contre le bonheur qui est le guide de nos actions, c'est décourageant ; nous sommes réduits à raisonner, à déduire subtilement ; la vérité cependant paraît nous recommander la confiance ; les heureux effets de la culture de notre Etre, le perfectionnement, nous portent au mieux être ; l'avantage obtenu est immédiat, à chaque pas, personnel, si l'on veut comprendre que l'inventaire des Etres est une liste invariable de définitions invariables elles-mêmes, personnelles, si l'on peut dire ainsi. L'esprit n'est pas apte à pénétrer le problème mais il s'éjouit à trouver là, dans cette liste imaginaire, le fini et l'infini résolus ensemble ; l'inconnaissable intervient et rassure notre foi dans le phénomène d'être, au-delà de nos raisons.

L'Univers, l'Etre existe par l'infini et non momentané, l'idée d'une fin du monde a été suggérée et imposée à notre ignorance hypnotisée par le devenir, la vie qui nous possède.

L'homme par tous ses mouvements — tous — se propose d'obtenir un peu de mieux-être, il n'a pas d'autre occupation, pas d'autre préoccupation ; satisfaire ses aspirations, apaiser ses désirs, est toute sa vie. L'Etre à tous les degrés est possédé de cette tension directrice qui détermine l'ordre de l'Univers. Peut-on voir que cette tension se confond avec la vie, le facteur inconnu que nous avons désigné sous ce nom ?

La mort intervient dans ce mouvement, régulièrement, périodiquement, calculée, précisée ; elle n'est pas une interruption dans le phénomène d'être, elle est une part de la vie, elle ramène l'Etre à l'infini tandis que la vie le conduit en avant au même infini l'identique ; par la vie et la mort, synthèse et analyse combinées en un seul effet, l'Etre est permanent sur sa limite inexistante l'infini. La mort est une étape où s'assure l'impartiale fonction de l'immuable condition de l'identique, elle analyse jusqu'à la simplicité, à l'infini de l'Etre, l'être constitué en individus dont l'individualisme a été dépensé. La fonction d'être ne varie pas, elle ne croît ni ne diminue, l'Univers, la vérité dernière ne change pas ; tout Etre se forme, croît et se dépense par la vie, et se renouvelle par la mort, récupérant le secret de vivre. Qu'est-ce que la vie apporte en Etre ? Qu'est-ce que être dépense par la vie ? Qu'est-ce que par la mort l'individualisme épuisé reprend ? Ce n'est ni mécanique, ni biologie, ni psychologie, c'est le fait d'être, réalisation incessante de l'irréel et dé-réalisation égale par l'infini de la fonction, qui dépasse la raison ; on pourrait dire par formule d'esprit que c'est l'apport incessant de l'infini à l'être, et la restitution de l'être à l'infini mais à la condition de se garder de cette matérialisation de l'idée. Cette dépense constamment compensée, fluctuation de l'Etre de l'infini à l'identique infini, est la manière d'être de l'irréel en réalité où la vie se dépense et renaît incessamment, car rien ne devient un seul instant étranger à l'Unité de l'Univers. L'infini n'est pas une limite au bout d'une carrière, c'est une manière d'être invariable, permanente ; l'Etre situé existe par la vie et la mort unies en un seul facteur ; l'existence est par le renouvellement intérieur permanent de l'Unité à l'Unité.

Qu'est-ce que la vie dans l'Etre achrône ? dans l'absolu de l'Univers, invariable possibilité qui n'est pas plus ou moins. La vie tend à l'Unité par l'infini de la complexité des composants, la mort tend à l'infini par la simplicité, ensemble elles assurent le fait immuable, l'Univers ; et déjà l'Etre achrône, facteur de l'être situé, est antérieur à la vie.

L'homme aperçoit de loin le phénomène,

il ne le comprend pas, il n'en voit pas les
limites, il reconnaît que ne voyant pas le
tout il ne peut conclure ; lorsque il veut
expliquer le phénomène d'être c'est-à-dire
lui trouver une cause, il est obligé de le
dénaturer de le figurer à sa mesure pour
pouvoir lui appliquer ses mesures, ses
moyens de connaître ; et finalement il
s'en rapporte à l'inévitab . l'Etre a foi en
lui-même, il est l'absolu.

Les civilisations anciennes, successivement
apparues avec honneur dans l'histoire, ont
toutes pris fin de la même manière, par le
scepticisme de l'élite directrice désorientée
dans son égoïsme rassasié, submergée par
la vitalité des égoïsmes affamés dont les
exigences associées faisaient paraître au moment fatal la puissance d'altruisme. Notre
civilisation actuelle se perd comme les
précédentes dans un désarroi social appa-
rent dont elle ne sortirait pas sans violences si elle s'attardait à un jalon dépassé, à
un enseignement épuisé ; il semble que
l'expérience nous rende plus avisés, la vérité discutée, obscure dans les discours,
s'impose par les faits, le rôle de l'homme,

dans l'Etre total, est de les comprendre pour acheminer d'après leurs indications la part de progrès qui lui est impartie à son rang dans l'Etre. Cette vérité, l'avenir de l'humanité, est dans le culte de l'altruisme facteur de l'Unité où s'appuye l'être ; ce n'est pas une fin plus tard, c'est le fait d'être permanent.

L'homme terrestre, dernier degré d'Etre formé sur la Terre, est récent dans cette localité céleste ; tout à l'heure, l'eau venant à l'état de roche, il aura disparu, mais en ce lieu, dans ce moment, il aura vécu suivant la loi générale de l'être, continuant avant et après à faire partie du Règne de l'Homme, il n'existe pas à part dans l'Univers. Nous ne savons pas si dans le temps de la réalisation terrestre la Terre et son climat céleste, (conditions qui se modifient suivant la loi d'être), produiront un homme mieux doué, ou même un Etre supérieur à l'homme, mais tel qu'il est l'homme terrestre a progressé, il a commencé par l'égoïsme nécessaire, gardien de l'Unité de l'individu, — qui actuellement encore administre notre conduite—, et visiblement, par l'épanouissement de cette Unité individuelle, il tend à l'altruisme qui le porte à l'Unité identique.

L'altruisme nous appelle à ses émotions généreuses mais l'égoïsme n'a pas achevé son œuvre, (la culture de l'individu), dans l'homme terrestre ; nos révolutions altruistes submergent un instant les égoïsmes surpris, mais elles s'arrêtent au premier avantage et l'égoïsme reprend son œuvre, le progrès s'assure par la dispute. Notre civilisation, orientée par la perfectibilité de l'Etre, se guide sur les propositions de nos philosophes et de nos religions discutant de la vérité, les avis se partagent suivant la constitution de l'Etre homme, les uns plus matériels écartant la croyance, se tiennent à la vie pratique, les autres plus spirituels affirment que le rêve pressenti, la foi en la fin merveilleuse du phénomène d'être est la directrice concluante ; la discussion s'établit entre eux, entre l'égoïsme et l'altruisme, entre la réalité présente et les promesses de l'espérance, tous les deux sont facteurs de la vérité à des points différents de la force efficace, négation et affirmation ont la même origine, le même but, il n'y a qu'une loi d'être.

Les idoles mesurées à l'auditoire primitif sont locales et temporaires, elles tombent en désuétude tandis que leur principe, la religion de l'être, continue au-delà son rôle directeur vers les fins superbes de l'optimisme confiant en le phénomène d'être ; les idoles opportunes changent mais leur tendance ne change pas, la religion est un invariable appel à l'altruisme réalisation de l'Unité ; là est sa force inhérente à l'être.

Il est peut-être superflu de discuter davantage, d'après les pensées connues si pleinement développées dans notre immense bibliothèque, tout a été dit, la pensée ne contient pas le secret, le moulin tourne à vide ; retenons ici une pensée seulement plus importante en ses effets. Les Religions nous annoncent comme solution du problème que à la mort commencent les supplices ! personne n'accepte cette proposition barbare, il faut l'interpréter.

L'interprétation des idoles laisse tomber dans l'oubli les modes devenus compro-

mettantes et fortifie ainsi la vérité qui
demeure ; le culte continué tient sa puissance de notre confiance en la vérité, la
foi. Les premières fables, formules utiles
pour les hommes primitifs, c'est-à-dire
pour la plupart des habitants de la Terre,
sont idoles éducatives, elles nous habituent
à concevoir telles possibilités, elles nous
préparent à comprendre la vérité. Ces
premières vues du problème voudraient
tout le perfectionnement, le Paradis, tout
de suite après une courte journée, c'est
un rêve ; en vérité la vie qui porte le
progrès dans ses mouvements n'avance
pas d'un tel saut, elle nous donne à chaque pas, immédiatement mais proportionnellement, la récompense ; un jour ne
peut suffire à nous changer profondément ;
il faut répéter l'effort, les quelques années
d'une vie, pour obtenir tout le perfectionnement, à cet effet la mort nous rend la
vie.

L'âme, définition de l'individu, renouvelle ses éléments par l'impartial infini de
la fonction d'être, il n'y a pas dans
l'absolu de la possibilité des éléments pri-

vilégiés et des éléments condamnés; quelle
cause est préposée à cette opération ?
L'invention d'un supplice concluant à la
bonne intention de satisfaire ce besoin de
justice, mais elle ne s'élève pas au-dessus
de l'idée simpliste de l'homme primitif.
Elle procède d'un pressentiment de la vérité, elle nous recommande le soin de
notre perfectibilité, et c'est en vérité le
soin nécessaire, son erreur est dans la forme imaginée qui empiète sur la justice
absolue; la prime à notre vie locale et
temporaire, supplice ou récompense, n'est
pas plus tard, elle est immédiate, consé-
quence automatique de nos actes, de notre
manière de vivre. La somme de ces progrès est le perfectionnement total uniforme, achevé dans l'Unité où s'appuye
l'Etre permanent, ce n'est pas à la fin du
monde, il n'y a pas de fin du monde.
La progression de l'Etre est une loi générale, mais cette progression de l'Etre à
tous les degrés est une vie intérieure,
l'Univers limité à l'infini, hors du temps
et de l'espace, ne progresse ni ne diminue;
l'Etre existe en un seul fait, apothéose

permanente de la coopération de ses composants, Etres de telles natures que leurs équivalences forment Unité, justice satisfaite. Ces affinités impératives orientées par leur invariable tension à conclure en la commune résultante, religion de l'Etre à tous les degrés, assurent la permanence de l'Etre par leur immuable réciprocité ; il n'y a pas de déchets amoncelés, pas de supplices qui nous excluent. La lueur de discernement qui apparaît dans l'homme terrestre sur le secret incompréhensible, ne veut pas d'autres fins que par l'inconnaissable, différant de la pensée.

L'homme primitif conçoit l'éternité sous la forme d'un temps prolongé, or l'éternité, l'absence de limites, n'est pas fonction du temps, elle est une manière d'être de l'Etre. L'Univers, Etre total, si l'on veut dire ainsi, est achrône, le temps n'apparaît en lui que dans la réalisation au degré d'être α-Ω. A ce degré, α-Ω, l'Etre est fonction du temps et de l'espace, il vit de α à Ω, il meurt de Ω à α, la mort formant avec la vie un seul facteur, facteur de recours à l'infini dans l'unique fonction d'être qui dépasse le temps ; si l'Etre était local comme le propose la courte manifestation de notre vie, il serait temporaire, il n'existerait pas, un temps fini est un temps nul ; mais l'animation qui ordonne la vie et la mort est permanente, à tous les degrés de l'Etre α-Ω, elle s'appuye à l'Etre achrône, à l'infini du fait d'être qui est en puissance invariable de ses effets.

La formation par la vie et la mort ne change pas la composition de l'Univers, la possibilité est Une, immuable, la part de l'infini réalisé en chaque Etre fini, si l'on peut se permettre de telles représentations, seule change, est renouvelée ; c'est par sa nature achrône que l'Univers est permanent, éternel si l'on veut dire ainsi, et non par le temps ; cet élément, le temps, au nombre des constituants de l'Etre réalisé, ne s'étend pas au principe (?) de l'Univers permanent, inchangeable, éternel si l'on voit que l'éternité n'est pas une quantité de temps.

La mort n'est pas un accident qui inter-

romprait le fait d'être, donnant au problème une solution finale, elle est un facteur
constant de la possibilité.

Notre corps qui participe à notre vie
terrestre est dispensé des supplices annon-
cés, il ne quitte pas la Terre ; il reste là,
terre banale comme avant, propre à toute
vie, nous n'avons pas à nous attacher à
cette quantité minérale qui refuse si bru-
talement de garder notre souvenir.

Cette terre indifférente garde pendant
un instant une apparence qui nous im-
pressionne, mais ce n'est qu'une apparence ; il n'est pas intelligent de nous appliquer à entretenir et prolonger cette illusion volontaire que la réalité repousse.

Ne serait-il pas raisonnable d'apporter
plus de discrétion à ce culte douloureux
qui désempare notre affliction et accroît
notre détresse ? Un détachement convaincu
allégerait notre peine ; la confusion du
rêve avec la réalité est œuvre de notre faiblesse; elle est en honneur surtout chez
l'homme primitif.

Notre civilisation compte pour assurer
l'ordre dans la vie, sur la menace des sup-

plices, elle fait de la mort une heure d'épouvante, un appel redoutable, une échéance, cette invention des hommes n'est pas efficace, nous serons plus attentifs, plus utilement animés au progrès par la vérité qui nous montre que les sanctions de la vie sont immédiates dans l'effet de chacun de nos actes, notre civilisation sera moins imprécise lorsqu'elle reconnaîtra que la mort n'est pas la mort, et que son intervention indique le devoir à notre portée.

L'homme s'exagère son importance dans le phénomène, il veut croire que la Providence veille spécialement sur lui, or la loi qui mène le monde, la justice intégrale, affirmée par l'ordre établi, nous montre que l'homme a sa part sans privilèges, sans partialité, il est un degré d'être à son rang et non l'Etre prépondérant, superbe, unique, dont les gestes importent avant tout à l'Univers ; la nature en use pour lui comme pour les autres avec une indifférente égalité. Il eut été curieux en 1814 de voir ce que Napoléon aurait tiré d'un lieu de ressources tel que Paris, la nature n'a pas seulement semblé s'apercevoir de cette éventualité, les événements sont arrivés jusqu'à la veille de la réaliser, tout était préparé, et il a suffit d'un rien pour laisser perdre une aussi ample manifestation ; c'est que nos faits et gestes n'ont pas pour la nature, dans le problème d'être, l'importance que notre personnalisme leur attribue. Napoléon paraissant quelques générations plus tard aurait apporté le coefficient de sa valeur à nos moyens de vivre, plus grands aujourd'hui, l'effet de la création eût été décuplé, il semble que cela méritait l'attention du destin, une disposition de la loi qui mène le monde d'après notre manière de concevoir le problème, non, la nature n'a pas de ces préoccupations, l'homme se trompe sur le souci qu'elle prend de lui ; des œuvres immenses vivent sans utilité apparente, facteurs cependant de la résultante. La vanité qui nous anime utilement trouble notre jugement de primitif, les enfants rapportent volontiers tout à eux. Rien dans la nature n'est prédestiné que conformément à la loi générale ; les détails sont à profusion, nuances variées, contingentes relativement entre elles, Ozymandias est bientôt inconnu. Une plus juste appréciation de la grandeur du problème de l'Etre nous portera plus avant ; Moïse nous a prévenu : « ne cherchez pas à comprendre, c'est au-delà de vos moyens » ; c'est la seule pensée puissante qui retentisse par dessus l'humanité, l'homme doit se résigner, il croit et il espère sans savoir.

La vérité dernière est inconnaissable, au-delà de la pensée comme la pensée est au-delà de la spiritualité animale ; nous voulons croire qu'elle est une incommensurable beauté, une apothéose permanente dont l'idéal de l'homme nous fait pressentir la nature. La contradiction que les horreurs de la vie opposent à cet optimisme nous signale et affirme l'inaptitude de la pensée à atteindre la vérité concluante ; mais des lueurs d'extériorisation nous guident.

Le procédé de formation par vie et mort associées ne nous enseigne rien sur la vérité dernière, il paraît ne pas atteindre l'Etre achrône indépendant du temps et de l'espace. Ce va et vient de la vie à la mort, sorte de vibration de la synthèse à l'analyse, de l'analyse à la synthèse, est une façon de la formation α-Ω, la pierre philosophale pourrait-on dire ! Nous pourrons peut-être voir comment opère ce procédé, mais le secret qui l'ordonne reste hors de la pensée ; cette inaptitude de nos raisons nous libère de la désespérance en nous ouvrant un champ, (une terre promise), où l'homme n'arrive que comme l'animal approche de notre vie.

Nous apercevons la vie et la mort mais non le principe, le moteur, le Dieu, qui les anime et les prépose. Les Dieux que l'homme a imaginé sont aveux d'impuissance, essais d'explication où se manifeste la tension des idoles à la mesure de nos talents,— dont la vérité commune est d'être dressées par la foi inconsciente de l'homme en le phénomène d'être, tendue vers le même inconnu. Nous cherchons à comprendre comment la formation par la vie et la mort nous porte vers cette lumière directrice ; ce procédé qui ne nous apparaît qu'au degré d'être α-Ω fonction du temps et de l'espace, atteint aussi l'individualisme, âme, définition, de notre individu, qui par la mort reprend vie par l'infini de la fonction d'être. Une vibration s'élance dans l'espace, — la lumière du Soleil p. ex. — elle se dépense et finalement cesse de battre, cesse de vivre, elle est morte ; morte en elle-même d'avoir agi, de s'être dépensée ; il en est ainsi à tous les degrés de l'Etre, dans l'infini de la fonction d'être, la mort analyse l'Etre de degré en degré jusqu'à la simplicité inexistante, et non jusqu'à un obstacle, une condition extérieure, à l'infini, (énoncé qui n'a pas de sens). La vie, facteur du progrès, conduit l'Etre de l'hydrogène au platine, de l'homme primitif à Aristote, de α à Ω, elle le conduit à l'irréalité, comme la mort le conduit de Ω à α, à l'identique irréalité ; l'Univers, l'Unité, ne va pas d'un état à un autre, il est identique permanent ; l'Unité avant α est l'Unité après Ω par l'infini de la fonction, elle demeure le procédé du phénomène d'être à tous les degrés, l'Etre existe par Unités, par in-

dividus ; la manifestation de l'irréel en
réalité est la nécessaire manifestation de
l'identique ; la vie et la mort dans ce
mouvement ne transportent rien, ne changent pas l'Univers, elles sont le mode
d'être en équilibre permanent, la mort
n'est pas la mort. La vérité est par l'infini où il apparaît que l'Absolu est en être,
et non pas le néant ; tendre vers elle,
collaborer au phénomène est la religion de
l'être, au-delà des conceptions de la pensée ;
le fini n'embrasse pas l'infini.

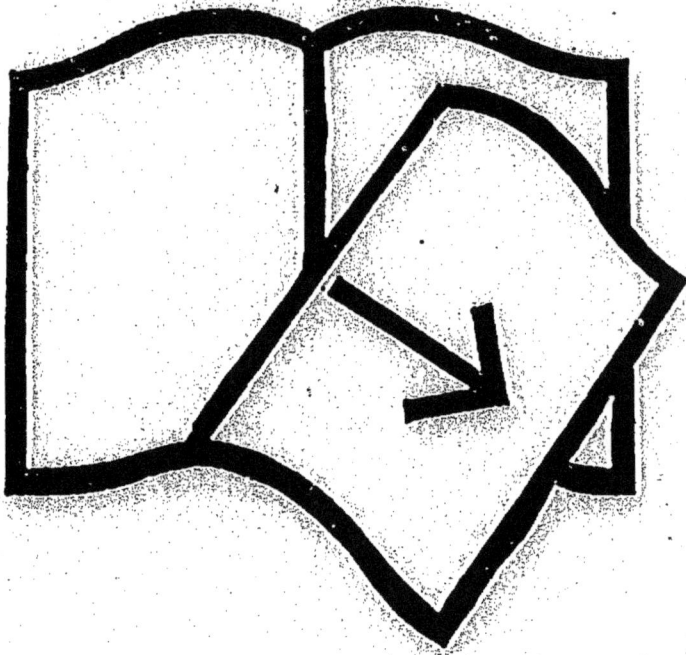

Documents manquants (pages, cahiers...)
NF Z 43-120-13

www.ingramcontent.com/pod-product-compliance
Lightning Source LLC
Chambersburg PA
CBHW060636100426
42744CB00008B/1645